ENTRETIENS VILLAGEOIS

A PROPOS DES ÉLECTIONS POUR LE CONSEIL GÉNÉRAL ET POUR LES CONSEILS D'ARRONDISSEMENT

PAR

EMILE DUPONT — RÉDACTEUR EN CHEF DU Libéral du Nord

Message de quelques électeurs campagnards à MM. les députés du Nord.

Nous, citoyens et électeurs, par la grâce de la révolution de 1789 et par la volonté du peuple, à MM. les députés du Nord, présents ou à venir prochainement : Salut !

Vous ne trouverez pas mauvais, Messieurs les députés, que nous empruntions cette formule ordinaire des souverains.

1871

Ne sommes-nous pas devenus souverains, de manants que nous étions il y a cent ans ? N'êtes-vous pas devenus représentants, de simples citoyens que vous étiez, il y a 8 mois, et cela par notre volonté?

Nous vous avons choisis pour être nos chargés d'affaires, nos mandataires, et nous, électeurs, nous sommes des fractions de la souveraineté qui réside dans la nation. Nous sommes donc rois, en quelque sorte, et nous pouvons légitimement nous adresser à vous, non comme à des sujets, mais comme à des serviteurs respectés, pourvu que vous soyez toujours respectables et que vous teniez vos engagements !

*
* *

Nous ignorons si, une fois rentrés dans vos foyers, vous allez nous rendre vos comptes, ainsi qu'on doit l'attendre de tout bon chargé d'affaires envers ses supérieurs. Vous auriez grand tort de vous dispenser de ce devoir. Un contrat a été moralement signé entre vous et vos commettants. Ces derniers connaissent, il est vrai, tous vos votes ; mais ce n'est point assez ; ils ont besoin de connaître les raisons de la plupart de ces votes afin de vous distribuer le blâme ou l'éloge selon toute justice.

M. Thiers vous a conseillé, avec raison, d'aller « vous retremper » dans le courant de l'opinion publique ; or, cette opinion ne peut se faire connaître que par la presse ou par d'immenses assemblées d'électeurs. Nous ne demanderions pas mieux que de vous voir comparaître dans ces réunions et répondre sérieusement à des interpellations sérieuses. Mais nous croyons que ce moyen, que pratiquent pourtant des peuples libres, ne plairait pas à beaucoup d'entre vous.

Employons donc les journaux. Cela reviendra au même. Ils vous feront connaître dans quel sens coule aujourd'hui le courant de l'opinion et vous pourrez vous retremper dans ses eaux salutaires....

Seulement, les journaux attendent de vous la réciprocité. Ils s'empressent d'ouvrir leurs colonnes à vos explications; trop heureux de servir à inaugurer cet échange indispensable d'idées entre les députés et les électeurs. Cet usage, qui a eu lieu quelquefois, doit se généraliser et s'établir définitivement dans notre pays. Le but de vos vacances ne serait pas rempli si vous ne répondiez pas aux avances que vous font les électeurs par le présent message.

* *
*

En vain, diriez-vous, que vous comptez aller de ferme en ferme, de maison en maison, de chaumière en chaumière, pour vous informer de ce qu'on pense de vous. Ce moyen n'est pas pratique.

Nous savons que M. Thiers vous l'a conseillé, sachant bien que beau—

coup d'entre vous ont déjà fait, jadis, ces fatigantes visites. Mais il s'agissait alors de soigner vos candidatures

Est-il certain que vous auriez la même patience, le même zèle, aujourd'hui, pour vous renseigner sur l'opinion qu'on a, généralement, sur les votes que vous avez émis? Il est permis d'en douter.

Vous voyez-vous, demandant, à chaque foyer, à la ménagère du lieu, si vous avez bien fait d'imposer son sucre, son café, son huile de pétrole, sa chicorée? si vous avez mal fait de ne pas mettre de taxes sur les chevaux de luxe, sur les calèches, sur les livrées, sur les objets de superflu, d'ostentation et sur les revenus?

Toutes les ménagères ou les ménagers, malgré le prestige qui vous environne et l'auréole que votre titre de député met vaguement autour de votre tête, s'empresseraient de vous

démentir poliment et de vous déclarer qu'ils ne vous ont pas élus pour
établir des impôts d'une façon aussi
peu juste.

Ils vous interpelleraient peut-être
sur d'autres votes.

Ils vous demanderaient, (car, tout
se sait, à présent!) pourquoi, l'autre
jour, vous avez *tous*, (sauf notre brave
Testelin et deux autres députés de
Douai et d'Avesnes) voté contre la
révision des pensions que Napoléon,
ce gaspillard de nos finances, avait
prodiguées à ses favoris et ses favo-
rites?

Ils vous demanderaient pourquoi
un si grand nombre d'entre vous ont
appuyé cette pétition des cinq évêques
qui nous a brouillés avec l'Italie et
qui pouvait nous jeter dans une nouvelle et déplorable guerre?

Je passe sur les autres interpellations que vous auriez eu à subir.

J'en ai dit assez pour vous montrer
que ce n'est pas praticable de quêter

ainsi des renseignements sur votre conduite à l'Assemblée.

Vous ne pouvez le faire que publiquement et par la voie de la presse.

Les journaux vous offrent respectueusement la parole. Prenez-la les premiers!

*
* *

Prouvez-nous que vous avez été les fidèles serviteurs du peuple!

Démontrez-nous que tous vos votes ont été inspirés par un intérêt général et jamais par un intérêt de parti, par des passions politiques!

Surtout, ne tardez pas à nous fournir ces explications. La plupart d'entre vous, nous le savons, veu ent briguer l'honneur de siéger au Conseil général. Le temps presse. Nous voulons être renseignés sur l'heu e!

Parlez, Messieurs les députés, n u s attendons!

Pour plusieurs électeurs campagnards.

Emile Dupont.

P. S. Il va sans dire que si vous ne faites ni réunions publiques, ni déclarations dans les journaux, nous prendrons la liberté d'analyser nous-même votre conduite à l'Assemblée. Vous n'y gagnerez rien, croyez-le bien !

Aux électeurs de la campagne.

—I—

On vient de nous apprendre que, depuis quelques jours, on fait circuler parmi vous un bruit que nous devons démentir.

On le répand, (nous savons bien pourquoi ; nous l'avons prévu et nous vous avons prévenus,) on le répand en vue des prochaines élections pour le conseil général.

On vous dit et on tâche de vous faire répéter que : « la République et les républicains sont la cause de nouveaux impôts qui atteignent tous les objets de consommation générale.. »

Cette accusation, vous le savez bien, est un insigne mensonge !

Si les impôts sont nécessaires, c'est parce que nous avons été vainqueurs !

Si nous avons été vaincus, c'est parce que l'empire avait gaspillé l'argent qui devait payer nos armements, et qu'il a eu la folie de déclarer la guerre, après avoir eu l'effronterie d'affirmer que nous étions prêts, « quatre fois prêts ! »

Si l'empire a eu cette folie et cette effronterie c'est que vous, électeurs, vous lui avez mis la bride sur le cou, au plébiscite, et qu'il vous a cru ou ses dupes ou ses complices

Si, plus tard, il s'est trouvé une majorité réactionnaire qui, pour trouver de l'argent, a puisé dans la poche du pauvre et s'est bien gardée d'imposer le luxe, le superflu et les revenus, c'est que vous, électeurs, vous avez élu les membres de cette majorité.

Nous savons bien qu'ils vous ont trompés, mais ce n'est pas une raison pour jeter la pierre à ceux qui vous ont avertis alors, et qui vous ont prédit tout ce qui est arrivé depuis.

C'était à vous de voir que vous aviez affaire à des loups déguisés en bergers. Ils bêlaient: « la paix ! la paix ! « pour vous plaire et ils se gardaient bien de vous dire leur vrai mot d'ordre : « le roi ! le roi! »

Vous auriez pu entrer en défiance; écarter leur peau de mouton pacifique et reconnaître, en-dessous, vos éternels ennemis, ceux qui vous ont exploités pendant des siècles et qui maudissent, tous les jours, la grande révolution qui vous a affranchis.

Mais si vous avez nommé ces gens-là, au 8 février, à qui la faute ? Si ce n'est à vous ?

De quoi vous étonnez-vous si ces

hommes de priviléges cherchent à perpétuer en tout et partout des priviléges ?

Ils veulent rétablir le trône et ses abus, sous prétexte du Droit divin ! N'est-ce pas là le pire des priviléges ? Et vous les avez nommés !

Ils veulent, à l'abri de ce trône, reconstruire tout ce qu'ils pourront du passé et vous reprendre les libertés que vous possédez ! Et vous les avez nommés !

Ils veulent que les charges pèsent sur vous qui êtes pauvres et ne pèsent pas sur eux qui sont riches ! Et vous les avez nommés !

Payez donc ! payez votre erreur, votre faute et, si vous vous plaignez, plaignez-vous de ceux qui ont voté les impôts sur les consommations, mais ne vous plaignez pas de la République qui réprouve cette mauvaise répartition et qui, lorsqu'elle sera bien établie, remettra la justice là où se trouve le privilége.

Vous le savez aussi bien que nous : La preuve en est qu'aux élections du 2 juillet dernier, vous vous êtes bien gardés de donner votre confiance à des représentants de l'espèce de ceux qui vous ont trompés en février !

Vous avez reconnu, par là, et toute la France avec vous, qu'il n'y avait rien de bon à attendre pour le peuple, de ceux qui veulent le retour des abus du passé !

Seulement, aux élections du 2 juillet, vous n'avez nommé que deux députés. Ils étaient républicains, mais ils étaient insuffisants pour contre-balancer les votes de ceux que vous aviez nommés auparavant.

Ces deux représentants : Faidherbe et Testelin, ont-ils voté pour les impôts dont vous vous plaignez ? Non !

Si, au lieu de cent républicains, le pays avait eu à élire une Assemblée entière composée de républicains, croyez-vous qu'ils auraient eu

l'impudeur de mentir à leurs convictions, à leurs engagements, à leur
honneur, pour prêter les mains à des
taxes qui atteignent les classes pauvres ?

Non ! mille fois non !

Que cela vous soit donc une leçon ! Et, en attendant, que cela vous
serve à clore la bouche à ceux qui af-
firment sottement que c'est la République qui est cause du renchérissement des objets de première nécessité.

Dites à ceux-là qu'ils se trompent,
ou qu'on les trompe ou qu'on les a
chargés de tromper les électeurs.

Ne recommençons pas la duperie
de février et n'allons plus charger de
nos intérêts ceux qui ont des intérêts
de parti et de position opposés aux
nôtres.

Défiez-vous, électeurs ! démasquez
les faux frères et les « faux amis ! » On
salit la République pour vous en dé-

goùter. Ne vous laissez pas prendre à ce piége! Maintenez-là ! C'est votre salut.

Rappelez-vous bien qu'elle ne peut être injuste pour aucune classe de citoyens puisqu'elle est faite par le concours de toutes les classes.

Vous formez la plus nombreuse, vous avez le suffrage universel, et vous pourriez craindre quelque chose d'un gouvernement qui peut être modifié par vous quand vous le voulez !

Votez pour des citoyens qui partagent vos idées, vos désirs, votre besoin d'égalité et ne vous inquiétez pas du reste! Vous verrez bientôt disparaître les abus qui vous choquent.

Mais si vous avez le malheur de croire encore une fois les intrigants, les partisans de la monarchie, les flatteurs du pouvoir personnel, vous êtes perdus!

Et vous ne pourrez pas dire que vous n'avez pas été avertis !

———

— II —

Nous aimons à croire que la manœuvre que nous vous dévoilons ne réussira pas auprès de vous, électeurs des Communes, pas plus qu'elle ne réussit auprès des électeurs des villes.

Vous ne rendrez pas le gouvernement de la République responsable des impôts votés, à l'Assemblée, par des royalistes qui veulent discréditer notre forme de gouvernement.

Rendez-vous compte des motifs de leur conduite et vous reconnaîtrez qu'ils avaient un double intérêt à établir des taxes sur les objets de consommation des classes laborieuses :

1 Ils trouvaient de l'argent sans être forcés de subir un impôt sur

leurs revenus, sur leur luxe ou leur superflu ;

Voilà pour le profit matériel !

2o Ils animaient, contre le système républicain, tous ceux qui espéraient, avec raison, voir leurs charges diminuer sous des institutions démocratiques, c'est-à-dire, consacrées au bien-être du peuple et à son instruction.

Voilà pour le profit moral !

Comment voulez-vous que des gens, peu scrupuleux en politique, résistent à deux profits qui se présentent à eux à la fois ?

Joignez, à ces tentations, leurs rancunes qui les poussent à empêcher, par tous les moyens, le triomphe définitif des idées républicaines qui ont causé, tant de fois, la culbute de leur trône et la dégringolade de leur fétiche monarchique ! Si « la vengeance est le plaisir des Dieux » elle doit être dégustée avec délices par ceux qui mêlent sans cesse

« Dieu » dans le conflit des passions humaines pour lui attribuer un rôle impitoyable !

A l'heure présente, ils jouissent des clameurs qui s'élèvent contre le renchérissement des choses de première nécessité. Ils ne négligent rien pour que ce mécontentement ne remonte pas aux causes et s'attache aveuglement soit au Président de la République, qui promulgue les lois d'impôts, soit à la République elle-même sous laquelle on prend des mesures aussi impopulaires.

Le piège est bien tendu ; les ignorants pourront s'y laisser prendre ; et le nombre des ignorants est bien grand ! Les ménagères, qui ne s'occupent pas de politique et qui ne vont pas chercher, comme on dit « midi à quatorze heures » quand il s'agit de débourser plus d'argent pour nourrir leur pauvre famille, les ménagères ont déjà poussé des c… olère. Il s'est trouvé, tout à … nt, d'a… roits compères pour leur donner des explications et leur dire : « c'est la faute de la République ! » Les ménagères sont capables de croire cette calomnie et de la répéter, si nous n'y prenons garde.

C'est absurde, c'est odieux, mais ce n'est que trop réel. Les journaux réactionnaires, qui spéculent à froid sur l'ignorance populaire, exploitent les embarras de la situation actuelle et ne lui donnent pour cause que notre entêtement à conserver la République.

Ils ont l'audace de faire mentir l'Histoire et d'affirmer que le peuple était heureux jadis, sous la monarchie légitime, alors qu'il était en servage ! alors que les famines le décimaient régulièrement tous les cinq ans ! alors qu'il n'avait ni liberté, ni dignité, ni sécurité et que les guerres d'ambition ou de caprice lui apportaient, comme aujourd'hui, douleurs et misère !

La tradition de ces temps « glorieux » et maudits s'est conservée dans les campagnes.

On ne parviendra pas à faire croire aux braves paysans que l'âge des privilèges était l'âge d'or. Ils savent que tout pesait sur eux et que tout les écrasait. Quand des impôts viennent encore les accabler, ils ne diront pas : c'est de la part de la République ! Ils diront, au contraire : « c'est de la part de ceux qui nous exploitaient autrefois et qui veulent rétablir leur vieux système renversé par la grande révolution de 1789. C'est par notre faute si nous revoyons encore ces hommes du bon vieux temps détesté ! Nous n'aurions pas dû croire qu'ils avaient renoncé à nous reprendre tout ce que nous avons gagné au prix de tant de peines et de tant de sang ! »

En effet, ne croyez pas, électeurs ! que les monarchistes, s'ils restauraient leur royauté, avec ses courtisans, avec ses chambellans, ses chasses, ses prodigalités, ne croyez pas qu'ils changeraient l'assiette de l'impôt et épargneraient les classes pauvres !

L'ont-ils fait, quand ils en avaient le pouvoir ?

Vous ont-ils seulement donné le droit d'élire des représentants de vos intérêts ?

Il a fallu leur arracher ce droit et c'est la République qui seule vous l'a donné !

Sous la royauté, imposait-on le luxe et le superflu ? Non !

Eh bien ! d'après le passé jugez l'avenir qui vous attendrait ! Vous payeriez davantage et vous auriez, en moins, le droit de disposer du gouvernement par le suffrage universel. Vous auriez des maîtres à perpétuité. Ils se succèderaient de mâle en mâle ; c'est possible ! mais vous, sous leur caprice et leur irresponsabilité, vous iriez, certes, de mal en pis !

— III —

Depuis les élections pour l'Assemblée nationale, vous avez prouvé, à deux reprises, que vous ne vous contentiez pas de vouloir l'ordre, le progrès, la stabilité, la bonne gestion des affaires, le maintien du gouvernement actuel, mais que vous vouliez aussi, pour vous représenter, des citoyens qui soient la personnification de ces idées.

Vous l'avez prouvé par vos élections municipales et par vos votes pour MM. Faidherbe et Testelin.

Pour la première fois, en a vu les électeurs compagnards s'affranchir de ce respect singulier qu'ils avaient toujours montré pour les gens de grande fortune ou de grande propriété, pour ce qu'on appelle, je ne sais pourquoi, *« les gros bonnets de l'endroit. »*

En avril dernier, vous n'avez donc plus considéré la « grosseur des bonnets » mais la qualité des cerveaux qu'ils recouvrent.

Tel « gros bonnet » qui s'était fait une douce habitude de mener son village et de venir en tête du conseil municipal, s'est trouvé, tout-à-coup, à la queue de la liste des élus. Tel autre a été même exclu de cette liste.

En revanche, tel citoyen modeste, dont l'influence, malgré ses capacités, n'était pas plus grande que sa fortune, a été poussé par vous aux premiers rangs et vous lui avez confié la gestion de vos affaires communales.

Vous ne devez pas vous en repentir.

Croyez-vous encore qu'il suffit d'être riche pour être éclairé, pour être dévoué aux intérêts de ses concitoyens ? Non, n'est-ce pas ?

Il y a même des hommes sages qui ont prétendu que celui qui a trop ses aises ne comprend pas bien les peines des autres. L'Evangile assure même qu'il est aussi difficile aux « gros bonnets » d'être sauvés « qu'à un chameau (*Varia*: un câble) de passer par le trou d'une aiguille ! »

Nous regrettons bien sincèrement qu'il soit si difficile que ça aux "gros bonnets " de faire leur salut. Mais ce souci ne doit pas nous arrêter. Nous nous occupons d'élections et non de questions religieuses. Aussi nous n'emprunterons, à cet arrêt de l'Evangile, que ce qui peut s'appliquer à la politique. Nous poserons donc en principe qu'il devrait être extrêmement difficile à un individu, n'ayant pas d'autre mérite que sa fortune, d'obtenir l'honneur de représenter la masse pauvre et laborieuse de ses concitoyens.

Laissons le malheureux riche aux soins qu'il doit donner à son salut, si compromis, suivant l'Evangile, et ne venons pas compliquer ses angoisses en lui confiant une part du salut de la chose publique.

Mais, si, par hasard, un citoyen fortuné donne des preuves qu'il possède un vrai mérite, uni à un dévouement constaté et à des convictions politiques républicaines, rien n'empêche, bien entendu, de l'accueillir avec confiance. Nous n'avons pas le droit d'être aussi exigeants que l'Evangile.

*
* *

Vous avez tranché la question dans ces termes pour vos dernières élections municipales. Vous n'avez pesé que la valeur morale de vos candidats et vous vous êtes affranchis des influences auxquelles vous vous soumettiez jadis. C'est bien ! Vous êtes dans le bon chemin. Restez-y désormais et vous n'aurez qu'à vous en féliciter.

*
* *

Ce qui me prouve que votre émancipation des vieux préjugés est complète, c'est le résultat des élections générales du 2 juillet.

Cette fois-là, vous avez encore pesé la valeur morale des candidats, sans vous inquiéter de leur position matérielle et vous avez librement choisi ceux qui vous offraient le plus de garanties pour la consolidation de l'ordre existant.

Vous avez repoussé deux candidats légitimistes cléricaux. Pourquoi?

C'est que vous avez reconnu que ces monarchistes ont une idée fixe : le rétablissement de l'ancien régime.

Vous avez pressenti qu'ils serviraient des intérêts de parti plutôt que l'intérêt général. Vous vous êtes dit qu'ils nous rejetteraient dans les systèmes qui amèneraient la guerre avec l'Italie et la guerre civile en France !

Vous avez, au contraire, élu deux candidats républicains. Pourquoi ?

C'est que vous avez compris que l'important est de réparer nos désastres par un gouvernement sage, responsable, économe.

Vous avez voulu la consolidation de ce gouvernement et non son renversement au profit des prétendants ambitieux. Vous vous êtes dit : nous sommes en République, restons-y ! et pour faire marcher cette République, prenons des républicains. Les monarchistes tireraient en arrière, mettraient des bâtons dans les roues et feraient verser la voiture !

*
* *

Vous avez agi très-sagement, Électeurs de la Campagne, et nous n'avons qu'un conseil à vous donner, c'est de continuer à pratiquer le même raisonnement pour les prochaines élections qui se préparent !

Nous examinerons, demain, si la question n'est pas la même, quand il s'agit des conseils généraux, ou quand il s'agit des conseils municipaux et de l'Assemblée des représentants du pays.

— IV —

Oui, Electeurs de la campagne, s'il a été reconnu, par vous, qu'il était nécessaire, indispensable, dans les circonstances où nous sommes, d'avoir des conseillers municipaux républicains, d'avoir des députés républicains, il n'est pas moins nécessaire, indispensable d'élire des républicains pour le conseil général.

Que désirez-vous ? N'est-ce pas la reprise du travail, l'ordre et le progrès pacifique, sous les institutions qui nous régissent ?

Qui peut désirer tous ces biens d'une manière sincère si ce n'est les hommes attachés à la République ?

Qui peut, au contraire, voir avec dépit la consolidation de l'ordre de choses actuel et désirer son remplacement par une monarchie quelconque, si ce n'est les fanatiques du pouvoir personnel, de ce système qui, de corruptions en violences, aboutit aux guerres et aux révolutions ?

Ne l'ont-ils pas prouvé par leurs manifestes gothiques, par leurs lettres de prétendants, par leur polémique haineuse contre la grande révolution qui vous a émancipés?

Si vous placez ces gens-là au conseil général, ils recommenceront leurs agitations, leurs réclames, leurs tentatives avortées de l'Assemblée, au grand dommage de l'expédition des affaires.

Ils se serviront de tous les moyens dont ils disposeront pour accroître leur influence politique et amener, sous leur drapeau, le plus grand nombre d'adhérents intéressés à leur plaire.

*
* *

Ne croyez pas que le rôle du conseil général soit aussi effacé qu'il l'était jadis.

Les députés de la Droite, en vue de leur entrée possible dans ce petit gouvernement départemental, l'ont fortifié, armé, approvisionné de fa—

çon à pouvoir s'y retrancher et s'y déclarer presqu'indépendants du pouvoir central.

En effet le conseil général statue définitivement sur l'acquisition, l'aliénation, l'administration et la destination des propriétés départementales ; sur le classement, la direction et le déclassement des routes départementales et des chemins vicinaux ; sur tous les travaux d'intérêt departemental ; sur le service des aliénés, des enfants assistés, des institutions d'assistance publique ; sur les caisses des retraites, sur les foires et marchés, etc.

« Il peut voter des centimes additionnels, des centimes extraordinaires, des emprunts remboursables en quinze ans. Bref, la question presque complète des intérêts départementaux lui est abandonnée.

» Impôts, travail, commerce, circulation, charité, éducation, il touche à tout, et dans les limites de la loi, son autorité est indépendante et souveraine.

» La décision suprême, que la loi de 1838 réservait au roi ou aux ministres, le décret de 1852 aux préfets, lui est abandonnée. »

Il serait plus court de dire ce que les conseils généraux ne pourront pas faire !

N'oublions pas qu'ils auront désormais à délibérer sur les secours accordés pour travaux concernant les églises et presbytères, et le ministre ne les accordera que sur leur demande !

N'oublions pas, non plus, que si la loi ne les autorise pas à formuler des vœux politiques, elle leur permet d'exprimer des vœux se rapportant à l'économie politique. Or, que ne fait-on pas entrer dans l'économie politique ? On peut parler de tout sous ce couvert élastique et mal défini !

*
* *

Eh bien ! Il s'agit de savoir si on

livrera tout cet armement aux mains de ceux qui ne cachent pas leur haine contre la forme actuelle de gouvernement et leur brûlant désir de le culbuter quand ils pourront le faire avec une apparence de légalité.

Vous n'avez pas voulu confier vos intérêts communaux à ces gens-là et vous leur confieriez les intérêts départementaux qui sont aussi les vôtres ?

Vous n'avez pas voulu de ces gens-là comme députés, au 2 juillet, et vous les accepteriez aujourd'hui pour manier directement tant de moyens d'influence et imprimer à tout un département une forte poussée vers leurs idées rétrogades ?

Est-ce possible que vous ayiez cette imprudence ? Est-ce possible que vous abdiquiez votre clairvoyance des deux dernières élections ?

Non ! non ! vous persisterez à affirmer la forme actuelle de gouvernement. Vous infligerez une troisième leçon à ces i ncorrigibles écoliers qui désertent les enseignements de l'Histoire et qui méritent les verges de la Démocratie!

Il faut qui rentrent à l'ombre pour s'y livrer à l'étude des causes des révolutions. Nous ne devons pas permettre qu'ils puissent, en reproduisant ces causes, ramener les mêmes explosions violentes!

Nous ne savons que trop comment les royautés irresponsables gaspillent les finances pour enrichir leurs courtisans et leurs souteneurs!

Or, des conseillers généraux monarchistes tendraient infailliblement à imiter la conduite de ces gouvernements de leurs rêves.

Ils disposeraient des fonds et des travaux du département selon leurs préférences politiques.

Ils feraient du privilége et nous n'en voulons plus!

— V. —

Croyez bien, mes amis, que lorsque nous nous attachons à vous recommander de choisir, pour le conseil général, des citoyens attachés de longue date à la cause républicaine, décidés à soutenir le gouvernement de la République, soucieux du maintien de l'ordre de choses actuel, croyez bien que ce n'est pas pour la satisfaction de faire triompher des candidatures de notre opinion.

Notre mobile est plus élevé, plus important.

Nous avons déjà examiné ensemble le danger qu'il y aurait à mettre, au conseil général, un groupe d'hommes politiques, notoirement connus pour leur hostilité aux institutions qui nous régissent et qui sont d'essence républicaine.

Nous avons passé en revue les mille moyens d'influence dont la nouvelle loi arme les conseillers généraux.

Nous nous sommes demandé s'il n'est pas imprudent de confier ces armes toutes puissantes aux mains de monarchistes fanatiques qui regarderaient comme une œuvre pieuse de s'en servir contre « *l'essai loyal* » qu'on est en train de faire du système républicain.

Examinons, maintenant, si, en dehors des idées politiques, des aberrations monarchiques, des ivresses royalistes, il n'y a pas aussi quelque danger à remettre aux soins de nos adversaires les intérêts si complexes, si étendus de notre département.

Il est écrit : « Tu jugeras de l'arbre par ses fruits ! »

Jugeons donc les monarchistes, en général, par leurs fruits, c'est-à-dire, par le système qu'ils sont fatalement portés à suivre partout où ils prennent part aux affaires publiques.

Ils impriment à tous leurs actes quelque chose de l'idée fixe qui trône dans leur cerveau.

Partisans fanatiques de la royauté, du pouvoir personnel, du privilége par excellence, ils sont involontairement entraînés à glisser le privilége en tout et partout !

Cependant ils se déclarent profondément honnêtes. Ils s'attribuent même le monopole de l'honnêteté ! Ils joignent, à ce monopole, celui de la bonne foi. Ne les châtouillez pas à cet endroit-là ; ils bondiraient de colère et de vertueuse indignation !

Soit ! ne les châtouillons point. Respectons, un instant, leur prétention, quoiqu'ils ne se gênent guère pour attaquer la bonne foi des républicains.

Examinons tout simplement la marche qu'ils suivent quand ils dirigent les affaires.

Les traitent-ils au grand jour de la publicité ?

Non !

Soumettent-ils leurs projets à la discussion générale de la presse afin que chacun des intéressés puisse apporter son contingent d'observations, de critiques, de raisonnements ?

Non !

Employent-ils volontiers, en toutes circonstances, le moyen si loyal du soumissionnement ?

Non !

Evitent-ils de laisser croire et dire que la faveur n'est pas exclue de la distribution des travaux publics ?

Non !

Exigent-ils que toutes les places soient données au concours afin que le mérite seul soit récompensé?

Non !

Prenons un fait entre mille. Ont-ils toujours égard, quand il s'agit d'accorder des bourses aux enfants, à l'insuffisance de fortune des parents et aux capacités des écoliers ?

Non !

Réservent-ils ces bourses pour les pauvres seulement ; ainsi que le veut la loi et le bon sens ? Font-ils concourir les postulants afin qu'il y ait de l'émulation et que la faveur couronne le plus digne ?

Non !

Se soumettent-ils volontiers au contrôle de l'opinion publique ?

Non !

Nous irions comme cela, jusqu'à demain et nous n'aurions pas fini.

Toujours nous dirions : non ! à toutes les questions, où il faudrait pouvoir répondre : oui !

Cependant, mes amis, les monarchistes, ne l'oubliez pas ! ont le monopole de l'honnêteté et de la bonne foi !

Que serait-ce, justes Dieux ! s'ils n'avaient pas accaparé ce monopole !

Nous en verrions de belles !

Finissons par une question :

Faut-il repousser du Conseil général ceux qui espèrent le renversement du gouvernement de la République ? ceux qui, par leur conduite, prouvent qu'ils aiment les systèmes monarchiques, leurs priviléges et leurs abus ?

Oui ! mille fois oui !

— VI —

Quand nous vous parlons des candidats monarchistes ou royalistes et du double danger qu'il y aurait à les envoyer au conseil général, il est bien entendu que nous comprenons, parmi eux, les candidats bonapartistes ou impérialistes.

Ces derniers sont même plus à craindre que les légitimistes ou les partisans de la royauté constitutionnelle.

Ils sont plus à craindre parce qu'ils ont encore moins de scrupules, que leurs rivaux, pour arriver à leur but.

Rappelons leur origine :

***

La Vénalité, la Trahison, la Corruption, la Violence et le Génie ont posé la première pierre de l'édifice de l'empire des Bonaparte. Est-il besoin de dire que le ciment des fondations de cette caserne glorieuse était saturé de sang humain? C'est ainsi que s'établissent généralement les dynasties!

Ouvrez l'Histoire et vous verrez que les fondateurs d'empires sont tous d'illustres bouchers qui ont ravagé largement le troupeau des humains.

Quant aux rois pasteurs, vertueux et débonnaires, ils ne fondent rien du tout! Trop heureux s'ils ne sont pas victimes de l'ambition de quelque bandit couronné du voisinage!

Lorsque le premier empire s'écroula sous le choc de toute l'Europe qui prenait sa revanche de nos victoires et conquêtes, le peuple ne vit que nos malheurs. Il ne remonta pas aux causes. Il garda le souvenir de celui qui avait promené les drapeaux et les tambours français dans toutes les capitales.

Trente ans se passèrent en essais malheureux de monarchies de deux espèces.

La République reparut.

Louis-Napoléon l'égorgea.

Avec le sang et les cadavres des femmes et des enfants massacrés le 4 décembre 1851, il reprit en sous-œuvre les fondations de la grande caserne impériale. Il invita, comme son oncle, les mêmes fées malfaisantes pour assister à la cérémonie de l'installation de son odieux régime.

La Vénalité, la Trahison, la Corruption, la Violence étaient de la fête ! Seul le Génie était absent.

Aussi, pendant 18 ans, nous eûmes la compression sans la compensation de la grandeur ; les budgets croissants sans la progression de l'instruction et de la morale publique, et sans la sécurité militaire ; l'applatissement des caractères, sous le pouvoir personnel d'un despote, sans le respect pour une autorité arbitraire, rusée, mesquine, fantasque et, finalement, lâche !

C'est ce régime tombé dans la honte, c'est ce régime frappé de déchéance par l'Assemblée nationale, que des aventuriers ont l'audace de vouloir ressusciter.

Il y a des candidats pour le conseil général qui sont connus pour pactiser avec ces aventuriers. Jusqu'à ce qu'ils aient répudié cette complicité de tendances impérialistes nous devons vous mettre en garde contre ces monarchistes de la pire espèce.

Ils se gardent bien d'exprimer publiquement leurs convictions équivoques ! Ils savent trop qu'elles seraient discutées, démasquées et flétries, eomme la politique de leur ex-empereur. Non ; Ils procèdent par des moyens ténébreux, par de louches agents qui se glissent parmi les masses populaires, et tâchent de les séduire, comme autrefois, avant la première élection pour la présidence.

Mais on ne trompe pas deux fois le peuple avec les mêmes moyens !

Autant il serait inutile aujourd'hui à Louis-Napoléon d'apprivoiser un aigle, avec du lard, pour lui apprendre à planer au-dessus de son chapeau, autant il est insensé de croire qu'on pourra amadouer les travailleurs des champs et de la ville en leur montrant le lard du socialisme impérial !

Les travailleurs ne comptent que sur la République pour nous donner pacifiquement et sûrement les réformes sociales nécessaires. Ils repousseront ces tentateurs impérialistes qui promettent tous les biens au peuple à la condition qu'il s'agenouillera devant eux et qu'il abdiquera toute initiative, toute dignité !

*
* *

Que le passé vous enseigne, électeurs de la campagne Vous n'avez pas besoin de rois ni d'empereurs pour faire vos affaires et voir s'élever le prix de votre travail et des fruits de la terre.

Ce qui rend le labeur fécond, c'est la paix, et, vous l'avez vu, l'empire, comme la royauté, c'est la guerre !

Ce qui augmente la richesse publique et les richesses privées, c'est la bonne répartition des ressources du pays et, vous l'avez vu, l'empire, comme la royauté, c'est le gaspillage des finances, c'est le privilége dans l'impôt, c'est la curée des courtisans et des courtisanes !

Repoussez donc tout candidat bonapartiste ! Il ne serait qu'un conspirateur déguisé contre l'ordre de choses actuel, contre la République, contre le gouvernement de tous par tous qui vaudra toujours mieux, croyez moi, que la tyrannie d'un seul au profit de quelques-uns !

— VII —

Si l'on vous dit que les élections pour le Conseil général n'ont rien de politique ; ne le croyez pas !

Si l'on vous présente, comme candidat, un homme connu pour avoir approuvé la marche tortueuse de l'empire, pour avoir été complice, par ses votes, des scandales, des corruptions, des prodigalités de ce régime immoral ; ne nommez pas ce candidat !

D'autres se présenteront, à vos suffrages, en vous disant : Nous venons pour faire de l'administration départementale et non des discussions politiques. Ne regardez, par conséquent, ni à notre passé ni à nos opinions. Nous ne sommes et ne voulons être que vos conseillers généraux, purement et simplement. « Les questions de parti n'ont donc rien à voir là dedans ! »

Electeurs, défiez-vous surtout de ces derniers !

Ils n'affectent l'indifférence politique que pour mieux cacher le feu monarchique qui les brûle intérieurement. Ce sont des petits volcans réactionnaires couverts de neige. Dès qu'ils le pourront ils briseront la glace et vous donneront le spectacle d'une éruption anti-républicaine sans s'inquiéter si cette manifestation entre, oui ou non, dans le programme des travaux d'un Conseil général !

Souvenez-vous des élections du 8 février !

****

Dans ces jours de trouble et d'angoisse ; alors qu'on allait voter sous l'œil et la menace de l'étranger ; alors qu'on n'avait qu'une semaine pour préparer les candidatures ; alors que les populations pleuraient sur les morts, les blessés et sur les malheurs de l'invasion ; que firent les candidats malins qui gardaient leur sang-froid au milieu de la détresse morale du pays ?

Parlèrent-ils de leur sempiternel fétiche monarchique, comme d'un remède miraculeux capable de rendre immédiatement à la Nation sa force, sa richesse et son énergie des anciens jours ?

Non, ils se turent prudemment sur leur culte secret, se réservant de l'étaler au grand jour quand ils seraient élus.

La foule criait : la paix ! et eux répétèrent en écho : la paix ! la paix !

Ils évitèrent toute explication politique. Ils éludèrent tout engagement. Ils répondirent à ceux qui, plus défiants, leur demandaient qui ils étaient, d'où ils venaient, vers quel but ils marcheraient, ils répondirent : ne vous inquiétez donc pas ! Il ne s'agit pas de politique, en ce moment. Il ne s'agit que de mettre fin aux maux de la guerre, conclure la paix, et rétablir les services désorganisés. Les opinions importent peu puisqu'il s'agit d'affaires. Il faut trouver de l'argent. « Les questions de partis n'ont rien à voir là dedans ! »

*****

Et pour mieux tromper la foule, pour mieux endormir sa méfiance envers des noms compromis, ils formèrent un comité dit *National*, c'est-à-dire un comité sans enseigne, sans étiquette, sans indication politique.

Puis, pour cacher leur monarchisme honteux, ils glissèrent parmi leurs candidats quelques républicains modérés, mais convaincus.

Alors ils purent affirmer encore mieux leur désintéressement de toute préoccupation d'opinion.

Ils se firent agneaux sans tâche, prêts à se sacrifier pour finir la guerre, rien que la guerre ! Et ils bêlèrent : la paix ! la paix !

La foule les crut et les nomma tous à une immense majorité.

On sait quelle orgie de politique ils se payèrent à l'Assemblée, ces hommes de paix !

***

Aujourd'hui les mêmes hommes recommencent la même comédie. Ils se font administrateurs, rien qu'administrateurs ! Ils ne veulent que tracer des routes, améliorer des canaux, voter quelques dépenses nécessaires, et puis c'est tout !

Eh bien ; nommez-les, Electeurs, et vous les verrez se redresser aussitôt en fanatiques politiques et vous dire : Vous nous avez élus ; or, nous sommes royalistes ; donc, vous voulez la monarchie !

Ils prendront toutes sortes de mesures qui contrediront le Président de la République ; en attendant, le 4 décembre, jour néfaste !

Ce jour-là ils seront debout sur leurs bancs et ils interprèteront votre vote comme étant la réponse à la question que M. Thiers leur a posée à leur départ : la France sera-t-elle République ou monarchie ?

Ils feront cela, je vous le prédis ! si vous n'êtes pas défiants, si vous avez le malheur de croire à leurs airs innocents et indifférents à la politique.

Electeurs, repoussez-les ! Ils veulent vous tromper comme au 7 février.

Si vous voulez l'ordre, la paix, le travail et la République, démasquez-les ! repoussez-les !

— VIII —

Nous croyons-vous avoir suffisamment démontré l'importance politique des élections prochaines pour le Conseil général.

Nous vous avons exposé les raisons qui doivent vous déterminer à repousser tout candidat suspect d'appartenir à l'un des trois régimes monarchiques qui ont pesé tour à tour sur la France et qui nous ont con-duit également à la guerre et à la révolution.

Ces candidats, qui veulent refaire la comédie sifflée du passé, ne doivent pas entrer au Conseil général. Ils conspireraient volontairement ou malgré eux contre le gouvernement actuel, contre la République.

Ils seraient tout aussi dangereux au Conseil général, comme administrateurs des deniers départementaux, que comme hommes politiques fanatisés par leurs doctrines.

En effet, n'auraient-ils pas à leur disposition les deux plus importants chapitres de tout budget départemental ou communal, ceux qui touchent à l'instruction publique et à la voirie ?

Croyez-vous que des conseillers généraux monarchistes soient bien zélés pour répandre à flots les lumières de l'instruction ?

Croyez-vous qu'ils soient bien impartiaux quand il s'agit de voter de nouvelles routes ou d'améliorer les anciennes? N'ont-ils pas toujours montré qu'ils excellent à faire du favoritisme à propos de travaux, à propos de fournitures, à propos de tout?

Ne savez-vous pas que la meilleure partie des fonds serait consacrée à des constructions de luxe, à des palais et que les petites écoles de filles et de garçons ne viendraient que bien loin après dans leur souci?

Jugez de leur tendresse pour l'instruction du peuple d'après l'indifférence de la Droite, à l'Assemblée, au sujet de cette question.

Ils ont passé de longues séances à récriminer, à se disputer sur des nuances politiques, et cela sans aboutir à autre chose qu'à troubler le pays. Pourquoi n'entamaient-ils pas plutôt la discussion sur la loi de l'instruction gratuite et obligatoire?

Les conseillers généraux monarchistes feraient comme les députés.
Ils seraient de glace pour faire la
guerre à l'ignorance. Ils seraient de
feu pour créer des embarras au pouvoir central de la République !

Ne jugez pas du mal qu'ils peuvent faire d'après les conditions où
ils se trouvaient placés jadis.

Aujourd'hui, ils seront tout-puis-
sants et presque indépendants.

Autrefois, le conseil général n'était
qu'une réunion assez insignifiante de
gros propriétaires et de gens de loi-
sir. Ils ne contrôlaient guère les actes du Préfet. Tout se passait en famille. On approuvait quand même le
représentant du maître et à chacune
de ses propositions on répondait : M.
le préfet, vous avez raison !

Maintenant, le conseil général
peut contrôler les actes de l'adminis-
trateur du département. La commis-
sion permanente peut surveiller tous
ses agissements, l'avertir, le conseil-

ler, même quand il ne demande pas de conseils et le désapprouver formellement, s'il y a lieu.

Le préfet, le délégué du pouvoir central, est devenu serviteur , de maître qu'il était, vis-à-vis des représentants du département.

C'est tant mieux, si ces représentants ne poursuivent pas un but politique hostile à l'ordre de choses existant.

C'est tant pis, s'ils écoutent leurs passions et s'ils ne sont pas dévoués à l'intérêt général.

Vous sauriez trop tard, si vous nommiez des monarchistes, tout ce qu'ils peuvent accomplir avec les armes que la Droite a forgées elle-même avec un soin jaloux.

Il faut que ces armes ne tombent pas dans leurs mains ! Il faut, au contraire, qu'elles soient confiées aux mains de ceux qui appuyent le gouvernement de la République.

Ceux-ci sont nécessairement amis

de l'ordre et de la paix, puisque el gouvernement qu'ils préfèrent fonctionne en ce moment.

Les autres sont nécessairement les ennemis de ce système puisqu'il les empêche de restaurer un trône, un roi, une cour et toute la fourmillère d'abus et de priviléges qui grouille d'ordinaire sous les marches du trône.

Avec les monarchistes c'est la guerre civile possible, c'est la guerre probable avec l'Italie.

Avec les républicains ; c'est la paix à l'intérieur ; c'est la paix avec les peuples voisins ; c'est l'ordre dans les dépenses ; c'est le contrôle de l'opinion publique ; c'est la justice, en un mot.

Choisissez, électeurs !

N'oubliez pas, surtout, que c'est a ux monarchistes seuls que vous devez l'augmentation des impôts de consommation.

La plupart d'entre eux ont sou—

tenu l'empire. Ils l'ont énivré avec des millions de votes approbatifs. L'empire, saoûlé d'orgueil à la suite des plébiscites, nous a jetés dans des guerres insensées. Ses gaspillages avaient ruiné les arsenaux, paralysé nos armements. Il s'est lancé contre la Prusse avec une témérité stupide. Nous avons été vaincus. Il faut payer. Voilà l'origine des impôts excessifs.

Ce sont les souteneurs de l'empire qui en sont la cause indéniable !

Ces impôts sont mal répartis. Ils écrasent le pauvre. Ils ménagent la richesse, le revenu, le luxe, le superflu.

Qui les a établis ainsi ? Les monarchistes. les souteneurs de l'empire, les partisans de la royauté !

Vous payez votre bière plus cher, aujourd'hui ?

Informez-vous si les vins exquis ont augmenté de prix à cause de l'impôt ! L'impôt a oublié de les taxer !

C'est que les privilégiés de la fortune boivent plus de vins fins que de bière.

Rappelez à la pudeur ceux qui, après avoir voté de pareilles taxes, après avoir encensé l'empire, après avoir approuvé ses prodigalités, ont encore l'audace de solliciter votre suffrage !

Une bonne leçon doit leur être infligée, Electeurs !

Apprenez-leur que vous n'êtes ni dupes, ni complices de cette intrigue qui se joue depuis le commencement du siècle, depuis le lendemain de la grande révolution !

— IX —

Laissons les journaux se disputer autour de quelques personnalités et tâchons de nous entendre tous pour marcher, comme un seul homme, à notre but : *l'affirmation de la République par l'envoi de Républicains convaincus au conseil général.*

Les noms divisent souvent parce que les amour-propres et les ambitions personnelles viennent à leur suite.

Les principes radicaux, au contraire, rapprochent tous ceux qui veulent l'intérêt général et qui se mettent au-dessus des coteries et des intrigues.

Restons donc dans la question des principes.

Soyons d'accord sur ce point et nous le serons certainement dans notre choix des candidats qui personnifient ces principes.

C'est avec intention que je m'adresse en même temps à vous, travailleurs de la campagne, et, à vous, travailleurs de ville. Vous avez les mêmes intérêts. Vous comprendrez les mêmes vérités. Vous voterez de la même manière pour obtenir le même résultat aux élections prochaines.

Vous avez, dis-je, les mêmes intérêts, puisque vous faites tous partie de la grande famille du travail et que vous voulez, tous, que le travail soit garanti, protégé par les institutions politiques du pays.

Quelles sont les institutions qui vous protègeront le mieux ?

Ne sont-ce pas les institutions républicaines, puisqu'elles forment le gouvernement de la Nation par elle-même et que vous formez, vous, l'immense majorité de la Nation ?

Qui vous garantira, qui vous protègera mieux que vous-mêmes ? N'avez-vous pas le moyen, par le suffrage universel, de faire arriver au pouvoir les citoyens qui représentent réellement, sincèrement, vos intérêts ?

Pourquoi n'usez-vous pas partout et toujours de ce moyen ? Pourquoi vous entichez-vous à élire des personnages « *de distinction* » dont les idées, la vie, les habitudes, les prétentions, les préjugés sont contradictoires de vos aspirations plébéiennes ?

Nommez donc ceux qui ont votre cœur, votre foi dans la justice, votre amour du travail, votre espérance dans un meilleur avenir pour vos enfants et vous obtiendrez bien vite les réformes que vous attendez depuis si longtemps !

Surtout, travailleurs, ne croyez pas les candidats sur parole ! Ne choisissez que ceux qui ont prouvé la sincérité de leurs convictions par leurs actes, leurs engagements et leurs écrits.

Soyez défiants, si vous ne voulez être trompés.

Il se trouvera des ambitieux qui vous crieront : Liberté ! République ! » et qui oublieront demain, peut-être, de faire ce qu'exige la liberté, ce que réclame la République.

Demandez à ceux là :

« Qu'étiez-vous il y a un an ? Repoussiez-vous avec indignation tout rapport avec le gouveanement de l'empire ? Flétrissiez-vous son origine criminelle du coup d'Etat, ses corruptions, ses gaspillages, ses violences ? Non ! Eh bien, que venez-vous nous promettre qui ne soit contredit par votre passé ? N'avez-vous pas organisé le plébiscite ? N'avez-vous pas, par là, poussé l'empire à ces folles entreprises, à sa guerre maudite avec la Prusse ? Avez-vous demandé pardon de vos erreurs, de votre complicité avec un régime execré ? Vous vous dites républicains ! prouvez-le ! Dernièrement, on parlait de réviser les pensions, prodiguées par l'ex-empereur à ses courtisans, à ses créatures, qu'auriez-vous fait, si vous eussiez été représentants ?

Est-ce que vous croyez qu'en approuvant ces gaspillages bonaparteux vous nous eussiez donné une preuve

que vous avez des idées républicaines? Nullement! sachez que nous ne
croyons qu'aux convictions éprouvées
et non aux paroles qui s'envolent! »

Voilà ce que vous devez dire aux
candidats qui veulent escamoter votre confiance.

Ou, plutôt, ne leur dites rien et
votez contre eux. Ce sera plus court
et plus efficace.

C'est ce que vous avez fait aux
élections municipales avec un rare
bon-sens.

Soyez-fiers de l'indépendance que
vous avez montrée, alors, et achevez
de prouver que vous êtes au-dessus
des moyens misérables qu'on veut
employer pour vous tromper.

Repoussez les fausses promesses,
les conversions équivoques, et repoussez aussi les tentatives grossiè-
res par lesquelles on voudrait vous
faire oublier votre devoir.

Ce devoir est sacré, travailleurs de
la ville et de la campagne! En l'ac-

complissant vous protégerez vos intérêts, vous consoliderez la République, qui seule, comprenez-le bien ! peut donner satisfaction à tous les droits.

Pensez à vos familles, à vos enfants ; pensez à la justice, à l'abolition de la misère et de l'ignorance, à la paix, au travail fécond et rémunérateur à la régénération de notre Patrievictime des pouvoirs monarchiques et corrupteurs, et dites-vous que c'est par votre vote intelligent et libre que tous ces biens peuvent nous appartenir !

N'accordez ce vote qu'à des candidats républicains !

Emile Dupont.
rédacteur en chef du *Libéral du Nord.*

Roubaix, Octobre 187...

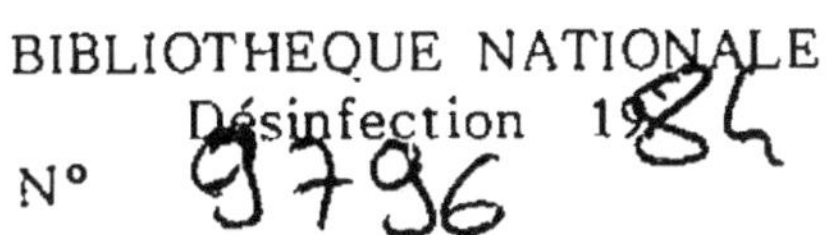

IMP. LESGUILLON, ROUBAIX